Seyi Afolabi

Mudar a ordem do sofrimento

Seyi Afolabi

Mudar a ordem do sofrimento

Analisar as desigualdades baseadas no género na indústria têxtil e do vestuário a nível mundial

ScienciaScripts

Imprint
Any brand names and product names mentioned in this book are subject to trademark, brand or patent protection and are trademarks or registered trademarks of their respective holders. The use of brand names, product names, common names, trade names, product descriptions etc. even without a particular marking in this work is in no way to be construed to mean that such names may be regarded as unrestricted in respect of trademark and brand protection legislation and could thus be used by anyone.

Cover image: www.ingimage.com

This book is a translation from the original published under ISBN 978-3-659-89305-6.

Publisher:
Sciencia Scripts
is a trademark of
Dodo Books Indian Ocean Ltd. and OmniScriptum S.R.L publishing group

120 High Road, East Finchley, London, N2 9ED, United Kingdom
Str. Armeneasca 28/1, office 1, Chisinau MD-2012, Republic of Moldova, Europe
Managing Directors: Ieva Konstantinova, Victoria Ursu
info@omniscriptum.com

Printed at: see last page
ISBN: 978-620-8-57126-9

Resumo

A principal investigação deste trabalho são as injustiças de género da indústria têxtil e do vestuário a nível mundial. É adoptada uma abordagem crítica à capacidade das políticas de desenvolvimento que moldam a indústria e à sua capacidade de abordar as questões das mulheres pobres. Surgiram vários movimentos em resposta às desigualdades da indústria têxtil e do vestuário a nível mundial. Exploramos os pressupostos e as práticas destes movimentos. A principal afirmação é que estas formas de ação permitem que os mecanismos fundamentais da desigualdade permaneçam intactos.

O regime jurídico internacional, como suposto domínio da justiça e da distribuição de direitos, é analisado criticamente neste trabalho. Dadas as mudanças no poder, no estado e no capital no nosso mundo moderno, a capacidade de concretizar os direitos das massas exploradas nos espaços jurídicos tradicionais é uma noção que merece uma avaliação constante. Assim, argumenta-se que, enquanto defensores modernos dos povos oprimidos, temos de considerar novas formas de ação que podem estar fora dos processos e formas de ação tradicionais.

A abordagem visionária do comércio e do desenvolvimento apresentada nas últimas partes deste trabalho centra-se no entendimento de que os nossos modelos de desenvolvimento sustentável devem começar pelos produtores. Temos de ter em conta toda a gama de necessidades sociais e económicas de que estes necessitam para se libertarem da ordem sistemática e de longo prazo do sofrimento.

Para ;

Diana (Roménia), Cindy (Quénia), Danielle (Brasil), Goscha (Polónia), Mara (Letónia) e Nathalie (Ruanda).

Conteúdo

Agradecimentos

Se não tivesse conhecido Abou Jeng no meu penúltimo ano de licenciatura na Universidade de Warwick, talvez nunca tivesse embarcado na minha viagem pelo direito internacional do desenvolvimento e pelos direitos humanos. Durante os dois primeiros anos do meu curso de Direito e Sociologia, tive dificuldade em imaginar-me a praticar Direito Comercial. Abou foi o meu tutor no módulo de direito internacional e conquistou-me com a sua paixão e visão. Sendo uma criança de ascendência africana e caribenha, o ensino de Abou foi a minha primeira experiência de direito numa perspetiva africana e política contemporânea. O ensino de Abou despertou a minha determinação em alinhar-me com uma área do direito que se adequasse à minha visão do mundo e à mulher em que me tinha tornado. Estou verdadeiramente grata pelo seu apoio inabalável em todos os meus esforços, mas acima de tudo pela sua amizade.

Estou em dívida para com Jayan Nayar, que tive o privilégio de estudar dois dos seus módulos no âmbito do LLM International Development Law and Human Rights (IDLHR) na Universidade de Warwick. Estas duas experiências levaram-me a pensar de forma crítica, desmantelando as minhas zonas de conforto teóricas, jurídicas e políticas. Este processo tem sido extremamente importante, particularmente à luz das minhas aspirações a longo prazo, que exigem uma mentalidade radical e ousada. Estou grato pela sua orientação académica, pela sua paciência sincera e pela sua capacidade de se alinhar inteiramente com o que eu queria comunicar neste trabalho. Foi a orientação de Jayan que permitiu que este trabalho realizasse todo o seu potencial e se tornasse a base e o ponto de partida para a minha carreira na defesa dos direitos humanos.

Não poderia publicar este trabalho sem agradecer calorosamente a Helen Toner e ao Dr. Dallal Stevens. A Helen é a Diretora dos Estudantes e a Dra. Dallal Stevens foi a minha tutora pessoal durante o meu LLM. Sem a escuta, o apoio académico e social destas duas mulheres, não teria conseguido concluir com êxito o meu ano de

LLM. Nunca poderia ter previsto que o meu mestrado seria acompanhado de grandes desafios pessoais, mas estas duas mulheres deram-me um apoio duradouro ( ) e mostraram uma verdadeira empatia pela minha situação.

Dediquei o meu trabalho a seis mulheres que conheci em diferentes alturas e em diferentes locais ao longo dos últimos seis anos. Embora todas elas tenham histórias ligeiramente diferentes, estão unidas pelo facto de serem mulheres migrantes a viver no Reino Unido. Aprender com estas mulheres e ouvi-las deu-me uma imagem clara das desigualdades que as mulheres enfrentam simplesmente devido ao seu género. Sem estas mulheres a partilharem comigo as suas histórias e as suas lutas, talvez nunca tivesse tido a audácia de abraçar a causa da defesa dos direitos.

Finalmente, à minha querida mãe. Ela incutiu em mim um espírito e uma feminilidade impregnados de história, orgulho e ambição. Deu-me apoio e amor incondicionais enquanto tentava navegar na sua própria vida através de imensas provações. Continuou a ser um pilar de força e uma asa de proteção para os meus irmãos e para mim, e é uma grande honra para mim ter uma mulher tão incrível a liderar os meus próprios passos. Só posso esperar que o meu percurso seja um testemunho claro da dedicação da minha mãe em criar uma mulher única, como a falecida Maya Angelou tão bem disse;

Sou uma mulher, é fenomenal".

Extrato *de And Still I Rise.*

Maya Angelou - 1978

Introdução

A minha principal preocupação ao abordar o curso IDLHR foi o facto de as mulheres nos países em desenvolvimento estarem presas em ciclos de empobrecimento, juntamente com uma série de injustiças sociais que sofrem especificamente devido ao seu género. A natureza simbiótica das esferas económica e social tem consequências particulares para as mulheres dos países em desenvolvimento, que enfrentam uma série de opressões em ambas as esferas. Os modelos dominantes de desenvolvimento, enraizados nos conceitos e teorias económicas do Norte, centram-se fortemente na capacidade de os países em desenvolvimento aumentarem o seu PIB para reduzirem a pobreza. A liberalização do comércio e dos fluxos de capitais e a produção orientada para a exportação são as forças motrizes por detrás deste modelo de desenvolvimento económico.[1] A ênfase no aumento das exportações fez crescer a indústria de produção nos países em desenvolvimento, empregando milhares de mulheres que são regularmente exploradas. A feminização, segundo a maioria dos autores, é o caminho para a sobrevivência das empresas em sectores competitivos, de mão de obra intensiva e orientados para a exportação.[2] As mulheres são especificamente visadas como fonte de mão de obra barata devido à sua subordinação existente no contexto local. Como referem Elson e Pearson, "as mulheres são exploradas, não apenas como trabalhadoras, mas especificamente como trabalhadoras... o género não é uma coincidência, mas um elemento central deste tipo de exploração".[3]

Esta preocupação com as dimensões de género das políticas de desenvolvimento anda de mãos dadas com o meu interesse particular pela indústria da moda. Comecei a coser à mão aos dez anos de idade. Quando consegui coser peças de vestuário completas para mim, comecei a interessar a minha família e os meus amigos pelas

---

[1] Haxton, Eva e Olsson, Claes (eds.) (1999) *Gender Focus on the WTO.* Publicações Globais

Fundação - Coligação Internacional para a Ação de Desenvolvimento. p.118

[2] Caraway, L. Teri (2007) *Assembling Women: The Feminization of Global Manufacturing.* Cornell University Press. p.104

[3] Rai, M. Shirin e Waylen, Georgina (2014J *#ew Frontiers in Feminist Political Economy.* Routledge. p.47

minhas criações. Ao longo dos anos, criei a LALI London, uma marca de vestuário feminino por medida inspirada na minha herança cultural e na minha educação em Londres. Desde cedo soube que, a longo prazo, a LALI passaria a produzir pronto-a-vestir e que precisaria de ter acesso ao local. Combinando isto com o meu desejo de ajudar as mulheres nos países em desenvolvimento a escapar à pobreza e ao sofrimento, comecei a considerar a possibilidade de negociar com fabricantes locais nos países em desenvolvimento.

para importar vestuário LALI. Estas curiosidades iniciais levaram-me a estudar os sistemas específicos que regem o comércio entre as empresas do Norte e os produtores dos países em desenvolvimento. Em conjunto, estas duas preocupações principais constituem o contexto deste trabalho.

O primeiro capítulo analisará a forma como a indústria de produção global é ordenada para criar e frustrar o sofrimento nos países em desenvolvimento. A minha análise centrar-se-á na forma como estes sistemas produzem desigualdades específicas para as mulheres trabalhadoras do sector têxtil e do vestuário que se encontram na base da cadeia comercial. O segundo capítulo debruçar-se-á sobre os êxitos dos movimentos que surgiram nas últimas duas décadas em resposta às injustiças produzidas pela indústria têxtil e do vestuário a nível mundial. Adoptarei uma abordagem crítica a estes movimentos, argumentando que, embora tenham alcançado resultados louváveis, reproduzem frequentemente concepções prejudiciais de desenvolvimento e permitem que a ordem exploradora dominante do comércio mundial se mantenha intacta.

O regime jurídico internacional oferece a possibilidade de responder ao sofrimento dos trabalhadores do sector do vestuário nos países em desenvolvimento. No entanto, vivemos numa época em que a desterritorialização do capital está a ter um efeito de arrastamento a todos os níveis de poder. O capítulo três analisará a capacidade do direito internacional para resistir a estas mudanças e a forma como isso afectou a realização da justiça para os trabalhadores do sector do vestuário. O capítulo quatro posicionará as questões do meu debate no contexto da Etiópia como um estudo de caso. As dimensões de género da indústria têxtil e do vestuário na

Etiópia realçam os desafios que subsistem na abordagem do impacto da indústria de produção nas mulheres. No entanto, o país oferece uma oportunidade única para imaginar o desenvolvimento de África de um ângulo diferente.

O capítulo final apresentará um modelo visionário da indústria têxtil e do vestuário que espera, no mínimo, suscitar uma nova compreensão da forma como pensamos o desenvolvimento e, explicitamente, o lugar das mulheres nas nossas teorias e políticas de desenvolvimento ( ). Imaginar novas possibilidades, que inerentemente desafiam os sistemas dominantes, será um processo difícil porque o comércio global é uma esfera inextricavelmente ligada a algumas das economias, corporações e instituições mais poderosas do mundo. No entanto, este trabalho é importante se quisermos alcançar um futuro justo em que aqueles que são sistematicamente abusados possam beneficiar das nossas noções queridas de igualdade, liberdade e justiça.

Quando comecei o curso IDLHR, a minha perceção e pensamento tinham sido inegavelmente influenciados pela minha realidade de cidadão do Norte. A minha empresa está sediada em Londres e, por conseguinte, existe num espaço físico regido por determinadas normas sociais, jurídicas, políticas e económicas. O curso IDLHR deu-me a oportunidade vital de questionar o meu próprio pensamento e refletir sobre os pressupostos que eram o produto do meu próprio posicionamento físico e académico. Este processo académico e de auto-realização será contínuo e, espero, deixar-me-á suficientemente aberto às críticas que irão cair sobre os meus próprios pressupostos e noções.

Ao longo deste trabalho, utilizarei os termos "Norte" e "Sul" para me referir aos mundos "desenvolvido" e "em desenvolvimento". Utilizo estes termos por uma questão de apreciação pessoal e por oposição à utilização dos termos "primeiro" e "terceiro" mundo.

A indústria têxtil e do vestuário a nível mundial

A indústria do comércio global facilita o nosso apetite insaciável pelo consumo, apoiando um vasto sistema global em que os bens podem ser adquiridos, produzidos e fabricados numa parte do mundo e transportados para serem comercializados e vendidos a retalho noutra parte do mundo. A tendência atual do comércio é que muitos dos bens que consumimos como cidadãos do Norte são fisicamente produzidos em países em desenvolvimento. No entanto, os preços, as tarifas, os impostos e as quotas que determinam o comércio mundial são ditados pelas poderosas nações do Norte, pelas instituições internacionais e pelas empresas multinacionais predominantemente do Norte. Os espaços de poder permanecem desligados das realidades da vida quotidiana dos trabalhadores do vestuário empregados nas fábricas, em particular das mulheres, que continuam presas num sistema que beneficia da sua opressão contínua.

Os países em desenvolvimento carecem frequentemente dos quadros sociais, políticos e jurídicos necessários para garantir que as suas populações respeitem as normas internacionais em matéria de direitos sociais e económicos. Os países em desenvolvimento são capazes de fornecer mão de obra barata para manter as fábricas em funcionamento, que podem então produzir bens de baixo custo para as multinacionais. Esta situação conduziu a uma proliferação de fábricas, que empregam atualmente um grande número de trabalhadores mal pagos e com excesso de trabalho. A indústria da moda reage rapidamente à procura dos consumidores, exigindo uma rápida produção e transporte de mercadorias para satisfazer os hábitos e tendências do comércio retalhista. A consequência desta situação ao nível da produção das cadeias comerciais é que os fabricantes sediados nos países em desenvolvimento estão sob enorme pressão para produzir vestuário rapidamente e de acordo com as tendências de retalho em constante mudança, ao mais baixo custo.

Os trabalhadores do sector do vestuário suportam o peso das cadeias de produção comerciais. São empregados em massa para montar, coser, selecionar e transformar mercadorias - muitas vezes em condições que violam os direitos laborais e de emprego nacionais e internacionais. São explorados como fonte de mão de obra barata e facilmente disponível, o que beneficia as empresas multinacionais que podem manter os custos de produção baixos pagando salários baixos aos trabalhadores ( ). A China e a Índia responderam amplamente à procura mundial de produção barata de têxteis e vestuário. As suas economias transformadoras dominam atualmente os mercados mundiais. O crescimento das indústrias transformadoras nos países em desenvolvimento tem sido acompanhado por um aumento dos abusos contra os trabalhadores do sector têxtil e do vestuário, que são explorados nas fábricas que produzem bens para os consumidores de todo o mundo. Os baixos salários, as longas horas de trabalho e as condições de trabalho abaixo das normas tornaram-se a norma no sector, devido à miríade de forças locais e globais em jogo nas cadeias comerciais. Os trabalhadores empregados nas fábricas são extremamente vulneráveis porque, para muitos deles, não há outra forma de ganhar a vida. Por outras palavras, os salários pagos nas fábricas permitem-lhes sobreviver.

As multinacionais que têm os seus bens produzidos nos países em desenvolvimento conseguem distanciar-se da desigualdade no terreno recorrendo à subcontratação. Este processo prolifera a cadeia comercial e torna mais difícil atribuir às multinacionais a responsabilidade direta pelas violações dos direitos humanos. Além disso, as marcas têm total liberdade para mudar de fornecedor sempre que quiserem. A mesma marca pode mudar de fornecedor de um país para outro, o que significa que uma determinada fábrica não tem a garantia de ver os seus contratos renovados. Este facto torna a indústria volátil e altamente competitiva para as fábricas locais, que têm de satisfazer as exigências da indústria para se manterem em atividade.

O poder continua nas mãos das multinacionais, que têm a capacidade de ditar toda a cadeia comercial. As multinacionais dispõem de um leque de fornecedores à escolha nos países em desenvolvimento. Isto garante que o poder de negociação permanece nas mãos das empresas. As fábricas locais estão à mercê das marcas do

Norte, que disputam os contratos de fabrico. O custo humano destes processos é demasiado familiar nas nossas primeiras páginas e nos boletins noticiosos, com cenas de fábricas em colapso a ocuparem os meios de comunicação social internacionais. É essencial compreender que estas cenas de sofrimento não são apenas o resultado de deficiências estatais ou locais. Pelo contrário, as cadeias comerciais de que estas fábricas fazem parte englobam mecanismos de carácter internacional e de alcance global.

A possibilidade de produzir bens nos países em desenvolvimento é benéfica para as marcas e multinacionais que têm conseguido distanciar-se do sofrimento dos trabalhadores do sector do vestuário. As mercadorias que nos são apresentadas nas lojas e centros comerciais parecem estar a um mundo de distância das condições de vida de seres humanos cuja vida inteira depende da sua capacidade de manter os seus empregos nas fábricas de produção.

Mulheres na indústria

A indústria têxtil e do vestuário baseia-se em teorias económicas neoliberais que enfatizam a liberalização do mercado e a busca incessante de lucros. O Banco Mundial é, sem dúvida, o principal promotor do pensamento neoliberal do Consenso de Washington sobre o desenvolvimento, que tem como objetivo integrar os países na economia global, liberalizando a economia e prosseguindo a industrialização através de estratégias de industrialização orientada para a exportação (EOI). [4]Apesar de estas políticas terem beneficiado as empresas e os consumidores, "assiste-se a um aumento das desigualdades, da violência e da insegurança resultantes das mudanças na economia global".[5] As desigualdades que resultam da industrialização orientada para a exportação nos países em desenvolvimento têm um impacto significativo e desproporcionado nas mulheres destas comunidades.

---

[4] RUDAR [Em linha]_Gendered employment in neo-liberal development. Disponível no seguinte endereço

De: http://rudar.ruc.dk/bitstream/1800/8126/3/zProject af echt.pdf [acedido em 10 de julho de 2014] p.2

[5] Rai, M. Shirin (2002) *Gender and the Political Economy of Development.* Polity. p.198

A indústria transformadora é uma parte crucial do potencial de exportação de muitos países em desenvolvimento. A mão de obra que trabalha nestas fábricas já está desempoderada pela sua situação económica e social no contexto local. As empresas multinacionais procuram obter os custos de produção mais baixos para obterem os maiores lucros quando o vestuário é vendido aos consumidores. Uma das formas mais fáceis de reduzir os custos de produção e aumentar os lucros é encontrar mão de obra barata. A proliferação de fábricas nos países em desenvolvimento respondeu a esta procura atraindo mão de obra barata das suas vastas populações empobrecidas, "a maioria das quais são mulheres".[6] São empregadas especificamente devido à discriminação de género, em que "as mulheres são consideradas não só como tendo dedos naturalmente ágeis, mas também como sendo mais dóceis e dispostas a aceitar uma disciplina de trabalho severa, e naturalmente menos inclinadas a aderir a sindicatos do que os homens".[7]

Esta tendência contínua conduziu a uma feminização do sector, em que as trabalhadoras estão expostas a "condições de trabalho extremamente precárias e perigosas, incluindo horários excessivamente longos, falta de liberdade de associação, inalação contínua de substâncias tóxicas e proibição de pausas". [8]A liberalização do comércio, combinada com a desregulamentação do mercado de trabalho, conduziu a uma feminização crescente do emprego e a uma "espiral descendente" das condições de emprego em muitos sectores que produzem para as exportações mundiais.[9] Apesar de poderem ganhar um salário, as trabalhadoras do sector do vestuário estão expostas a "baixos salários, baixos padrões de saúde no local de trabalho, baixos padrões de segurança, assédio sexual, discriminação e recrutamento para empregos com más condições de trabalho devido à sua baixa posição na sociedade".[10] A gravidez é frequentemente um motivo de despedimento...

---

6 Haxton, *op. cit.*, p.83

7 Elson, Diane e Pearson, Ruth (1981) "Nimble fingers make cheap workers": An Analysis of Women's Employment in Third World Export Manufacturing'. *Feminist Review.* (7) p.91

8 Nguyen, T. N. A e Zampeth, Beviglia (2004) Trade and Gender: Opportunities and Challenges for Developing Countries - Nações Unidas, Nova Iorque e Genebra. p. 160

9 Stavaren, Irene; Elson, Diane; Grown, Caren e Cagatay, Nilufer (eds.) (2007) *The Feminist Economics of Trade.* Routledge. p.239

10 Haxton, Eva e Olsson, Claes (eds.) (1997) *Women and Sustainability in International Trade.* Global

ou as mulheres são despedidas porque já não conseguem cumprir as normas de produtividade ou de tempo de trabalho.[11]

Embora os seus empregos lhes ofereçam algumas oportunidades financeiras, o seu novo estatuto profissional tira partido das desigualdades de género existentes e acrescenta uma nova esfera de abuso e opressão às suas vidas já de si tensas. A esfera económica e os abusos decorrentes do seu emprego em fábricas *vêm juntar-se às* opressões que já enfrentam a nível social, jurídico e político. Compreender os múltiplos locais de opressão que afectam as mulheres nas comunidades em desenvolvimento é essencial para compreender o desenvolvimento. Não se pode partir do princípio de que o acesso a um salário é a única forma de alcançar o desenvolvimento. As vidas das mulheres que trabalham no sector do vestuário ilustram como as "oportunidades" económicas podem criar novos espaços de injustiça e exacerbar o sofrimento que enfrentam nos seus contextos mais amplos.

É particularmente importante notar que estas mulheres raramente trabalham para se sustentarem. A maioria delas é responsável por cuidar dos seus filhos, companheiros e familiares. [12]Antes e depois dos longos dias e/ou noites na fábrica, muitas mulheres continuam a desempenhar os papéis que lhes são atribuídos como prestadoras de cuidados não remunerados aos filhos e a outros membros da família. Os teóricos da reprodução social sublinham este "duplo fardo", argumentando que as formas dominantes de desenvolvimento promovidas atualmente minimizam o facto de se esperar que as mulheres ganhem dinheiro e assumam o fardo de cuidar das suas famílias.

O trabalho não remunerado no seio do agregado familiar - por exemplo, os cuidados infantis e a prestação de cuidados e de sustento aos trabalhadores assalariados - não é quantificado como uma atividade económica neste quadro, uma

---

Publications Foundation - International Coalition for Development Action. p. 140

[11] Elson & Pearson, *op. cit.*, p.101

[12] Ascoly, Nina e Finney, Chantal (2005) *Gender, the Global Garment Industry and the Movement for Women's Workers' Rights.* [Em linha] Disponível em: http://www.cleanclothes.org/resources/publications/made-by-women.pdf [Acedido em 29th de julho de 2014]

vez que não entra no mercado através de relações de troca monetárias.[13] Este trabalho de prestação de cuidados não é tido em conta pelas teorias económicas hegemónicas, que assumem que este papel é "natural" e, por conseguinte, permanece não remunerado e não é percebido pelos políticos. A economia neoclássica adopta uma definição restrita do âmbito da economia, limitando-a às relações de troca e, em geral, às trocas no mercado.[14] Se o trabalho não remunerado das mulheres não for tido em conta no cálculo do PIB ou nas políticas económicas, toda uma parte da opressão que pesa especificamente sobre as mulheres fica excluída da formulação e da compreensão das políticas de desenvolvimento.

O pressuposto de que a criação de oportunidades de trabalho remunerado conduz diretamente a uma redução da pobreza é demasiado simplista. O aumento da participação das mulheres na força de trabalho não desencadeou automaticamente a sua "emancipação".[15] Nos países em desenvolvimento, as mulheres são vítimas de injustiças específicas de género que se estendem à esfera do trabalho, à esfera social, à esfera jurídica e à esfera política. Se olharmos mais de perto para a realidade quotidiana destas mulheres, as deficiências das políticas económicas neoliberais prevalecentes tornam-se mais claras. A ênfase na liberalização económica e no aumento das exportações como via para o desenvolvimento não conduz automaticamente a benefícios para todos, confirmando o facto de que não existe um "desenvolvimento humano sustentável proporcional ao crescimento económico".[16] Essencialmente, há muito mais a ter em conta, em termos de acesso aos salários das mulheres nos países em desenvolvimento, aquando da formulação e aplicação das teorias do desenvolvimento.

As normas patriarcais que regem a vida destas mulheres raramente são tidas em conta pelas políticas que assumem simplesmente que o acesso aos salários reduzirá a pobreza nas comunidades em desenvolvimento. As trabalhadoras do sector do vestuário não têm muitas vezes autonomia sobre os seus salários e podem dar todos

---

[13] Cook, Joanne; Roberts, Jennifer e Waylen, Georgina (eds.) (2000) *Towards A Gendered Political Economy.* Centro de Investigação em Economia Política, Universidade de Sheffield.
[14] *Ibid,* p.5
[15] Rai & Waylen, *op. cit.,* p.45
[16] Haxton, *op. cit.* p.120

os seus ganhos aos seus parceiros ou famílias. Assim, mesmo o espaço familiar não é "um espaço altruísta de distribuição harmoniosa de recursos, mas um espaço profundamente contestado onde as mulheres sofreram com as relações sociais patriarcais".[17] De facto, "a economia neoliberal, o mercado livre e o 'home economicus' não são neutros, mas construções de género que privilegiam o 'masculino' em detrimento do 'feminino'".[18]

O discurso económico dominante defende o aumento da produção e do poder de exportação como a melhor via para o crescimento do PIB. O pressuposto subjacente a estas noções é que quanto mais um país produz, mais empregos cria e, por conseguinte, mais combate a pobreza. No entanto, a indústria têxtil e de vestuário mundial ilustra os danos que podem ser causados à vida humana quando um compromisso cego com o aumento das exportações se torna política económica nacional. Estas políticas baseiam-se no pressuposto de que o efeito de "gotejamento" que tem sustentado o crescimento nas economias metropolitanas será replicado no "mundo em desenvolvimento".[19] No entanto, o crescimento do PIB e as receitas nacionais nem sempre chegam aos que estão na base da cadeia de produção, nomeadamente às mulheres. As teorias dominantes ignoram a situação das mulheres nos países em desenvolvimento, que vivem no seio de estruturas patriarcais de vida familiar e profissional, todas elas enredadas na pobreza e exacerbadas por ela.

A Organização Mundial do Comércio (OMC), o Fundo Monetário Internacional (FMI) e o Banco Mundial (BM) têm sido criticados por imporem políticas económicas aos países em desenvolvimento que causam mais danos do que benefícios, especialmente em relação ao género. A falta de responsabilidade da OMC em relação aos mandatos das Nações Unidas em matéria de igualdade entre homens e mulheres e a ausência de uma análise das questões comerciais no âmbito da OMC são preocupantes.[20] As políticas de desenvolvimento destas instituições continuam ligadas a uma trajetória que começa com as condições e exigências do

---

[17] Rai, *op cit,* p,3
[18] RUDAR, *op. cit.,* p.3
[19] Rai, *op. cit.,* p.51
[20] Haxton, *op. cit.,* p.92

mundo e acaba no local. No entanto, no caso da indústria têxtil e do vestuário, o nosso ponto de partida deve ser a realidade e os encargos quotidianos, em particular os das mulheres, que dominam a força de trabalho da indústria do vestuário. Só políticas que reflictam a complexidade do sofrimento das mulheres poderão produzir um desenvolvimento tangível e sustentável para as mulheres do Sul.

Sucesso coletivo

As desigualdades criadas pela organização global da indústria têxtil e do vestuário continuaram a ser objeto de uma maior sensibilização nas últimas duas décadas. Temos assistido a um aumento do número de organizações que procuram remediar os danos óbvios causados às vidas dos trabalhadores do sector do vestuário. Coletivamente, estes esforços incluem ONG, organizações sem fins lucrativos, associações de lobbying e programas de branding ético. A Avaaz, "um movimento global na Internet - utiliza petições em linha para pressionar as empresas e marcas multinacionais a aplicarem medidas de segurança contra incêndios e de construção para os trabalhadores do sector do vestuário no Bangladesh".[21] O Instituto para o Trabalho Global e os Direitos Humanos, "é uma organização sem fins lucrativos dedicada à promoção e defesa dos direitos dos trabalhadores internacionalmente reconhecidos na economia global".[22] A organização utiliza "investigação, relatórios aprofundados, campanhas públicas de alto nível e uma extensa cobertura mediática" para combater as fábricas de exploração em todo o mundo.[23] A Labour Behind the Label "apoia os esforços dos trabalhadores do sector do vestuário de todo o mundo para melhorar as suas condições de trabalho, através da sensibilização, da prestação de informações e do incentivo à solidariedade internacional entre trabalhadores e consumidores".[24]

[25]Estas campanhas ajudaram a chamar a atenção para a forma como consumimos, o que prejudica de forma tangível os que estão do outro lado da relação de troca. A

---

21 Avaaz (2013) *Roupa sem culpa.* [Online] Disponível em: http://www.avaaz.org/en/crushed to make our clothes loc/?fp [acedido em 26(th)) de junho de 2014].

22 Instituto para o Trabalho Global e Direitos Humanos (2014) *Driving Fashion Forward.* [Em linha] Disponível em: http://www.globallabourrights.org/alerts/driving-fashion-forward-with-amber-vanetta [Acedido em 29th de julho de 2014].

23 *Ibid.*

24 O trabalho por detrás do rótulo [Em linha] Disponível em: http://www.labourbehindthelabel.org/about-us [Acedido em 29th de julho de 2014]

25 Granville, Brigitte e Dine, Janed (eds.) (2013) *The Processes and Practices of FairTrade: Trust, Ethics and Governance.* Routledge. p.247

capacidade de influenciar a consciência dos consumidores tem sido o maior poder dos movimentos, porque é o poder de compra dos consumidores que impulsiona toda a indústria têxtil e do vestuário a nível mundial.

> Informar os consumidores sobre as condições de produção e de distribuição dos bens é essencial para alterar o seu comportamento, e este conhecimento é também a chave para exercer pressão sobre as empresas e os governos... em que a publicidade é vista como um meio essencial para influenciar o comportamento dos consumidores individuais e dos actores das empresas.[26]

As marcas estão perfeitamente conscientes deste facto e muitas comprometeram-se a não serem associadas a violações dos direitos humanos. Para evitar a má publicidade, muitas empresas alteraram a sua relação com os fabricantes dos países em desenvolvimento. Algumas deixaram mesmo de fazer negócios com fábricas onde as normas de segurança são deficientes e os trabalhadores recebem salários baixos.

A iniciativa do comércio equitativo tornou-se uma resposta formidável às normas da abordagem dominante do comércio mundial, nomeadamente no que diz respeito aos produtos alimentares. O objetivo do comércio equitativo é oferecer aos produtores mais desfavorecidos dos países em desenvolvimento a oportunidade de saírem da pobreza, dando-lhes acesso ao mercado em condições vantajosas e não de exploração.[27] A iniciativa do comércio equitativo dirige-se aos agricultores e trabalhadores dos países em desenvolvimento e tem por objetivo oferecer-lhes salários mais elevados quando vendem os seus produtos nos mercados internacionais. Os salários mais elevados pagos aos exportadores são compensados por preços de retalho mais elevados para os produtos do Comércio Equitativo. A esperança do movimento é conseguir uma maior igualdade e parcerias comerciais para os agricultores e trabalhadores dos países em desenvolvimento. Por sua vez,

---

[26] Barnett, Clive; Cloke, Paul; Clarke, Nick e Malpass, Alice (2005) "Consuming Ethics: Articulating the subjects and spaces of ethical consumption. *Antipode,* 37 (1). p.27

[27] Nicholls, Alex e Opal, Charlotte (2005) *Fairtrade: Market-Driven EthicalConsumption.* Sage Publications. p.6

espera-se que isto se traduza em benefícios financeiros e desenvolvimento sustentável para os exportadores e as suas famílias.

Olhando especificamente para a indústria da moda, a moda ética está a aumentar. Muitas marcas de moda estão cada vez mais preocupadas com a forma como se relacionam com os produtores dos países em desenvolvimento, esforçando-se por obter e fabricar vestuário de forma ética. O Reino Unido é a sede do Ethical Fashion Forum, que "apoia e promove práticas sustentáveis, facilita a colaboração, aumenta a consciencialização e fornece as ferramentas e os recursos para aliviar a pobreza, reduzir os danos ambientais e elevar os padrões na indústria da moda".[28] Graças ao vasto público a que a indústria da moda tem acesso, a ascensão da marca de moda ética aumentou a consciencialização internacional para a ligação entre os processos empresariais que apoiam a indústria e os abusos sofridos pelos trabalhadores do sector do vestuário nos países em desenvolvimento.

Um número crescente de designers britânicos está empenhado em garantir que as suas marcas sejam sensíveis à vida dos produtores explorados. Vivienne Westwood, uma das grandes figuras da moda britânica, tem-se mantido empenhada nas questões sociais e ambientais. A sua marca continuou a ser pioneira da moda ética no Reino Unido, com uma recente coleção de sacos produzidos para dar oportunidades a mulheres em situação de pobreza. [29]Intitulada "The African Collection", as malas foram "produzidas em colaboração com a Ethical Fashion Initiative (EFI) do International Trade Centre, uma organização que apoia o trabalho de milhares de mulheres microprodutoras de comunidades africanas marginalizadas". Os modelos são fabricados num dos maiores bairros de lata de Nairobi, onde são recolhidos e fundidos cadeados e peças de automóveis fora de uso.[30]

[28] Fórum da moda ética. *A nossa visão.* [Em linha] - http://www.ethicalfashionforum.com/about-eff/vision [Acedido em 29 de julho de 2014]

[29] Master and Muse (2014) *Vivienne Westwood - Coleção Moda Ética África.* [Online] Disponível em ; http://masterandmuse.com/designer/vivienne-westwood-ethical-fashion-african-collection/ [Acedido em 29th de julho de 2014]

[30] *Ibid.*

Outra campanha de moda comovente foi recentemente levada a cabo pela designer britânica Karen Walker. A designer associou-se à "Iniciativa de Moda Ética do Centro de Comércio Internacional das Nações Unidas para criar trabalho em grupos comunitários de micro-artesãos em zonas urbanas e rurais do Quénia".[31] A coleção de óculos de sol chamava-se "Visible" e os modelos eram trabalhadores locais envolvidos no projeto de desenvolvimento (ver imagem 1). O poder destas campanhas de moda é considerável. Abordam abertamente as desigualdades ao nível local da produção e trazem a opressão das comunidades dos países em desenvolvimento para o primeiro plano da atenção internacional ( ). Uma vez que as campanhas se centram na produção ética, os produtos são frequentemente fabricados à mão nas comunidades a um ritmo que convém aos trabalhadores.

Imagem 1

Premissas problemáticas

As organizações e empresas que fazem parte do movimento comercial contra-hegemónico alcançaram resultados notáveis para os trabalhadores do sector têxtil e do vestuário. Apesar das diferenças nas formas e métodos de ação, estes grupos estão unidos por uma preocupação central: aliviar o fardo dos produtores vulneráveis dos

[31] Karen Walker Eyewear (2014) *Karen Walker Visible.* [Online] Disponível em: http://www.karenwalkereyewear.com/#visible2014/page6-7 [Acedido em 26 de junho de 2014]

países em desenvolvimento que são prejudicados pelas normas do comércio global. No entanto, sou crítico em relação a alguns dos pressupostos subjacentes a muitas destas formas de ação.

As ONG, instituições de caridade e grupos de pressão dedicados à situação dos trabalhadores do sector do vestuário utilizam frequentemente a linguagem dos direitos humanos para obter a resposta desejada das multinacionais. Se as marcas se recusarem a alterar as suas práticas comerciais ou negarem a responsabilidade, os grupos podem utilizar a ameaça de má publicidade para forçar as empresas a deixarem de produzir os seus produtos em determinadas fábricas. No entanto, estes apelos à ação deixam frequentemente intactas as estruturas de poder dominantes que sustentam a indústria transformadora global. As hierarquias e concentrações de poder que permitem às instituições internacionais e às multinacionais fixar preços e tarifas para a indústria como um todo não são afectadas pelas vitórias populares destes contra-movimentos.

A ênfase é colocada no facto de a agenda do comércio global continuar a ser finalizada em mesas redondas em espaços aos quais os próprios trabalhadores ou os seus representantes não têm acesso fácil. As nações poderosas, com os seus próprios interesses económicos em jogo, mantêm posições dominantes em algumas das instituições comerciais e económicas mais importantes do mundo. Os abusos dos direitos humanos, a opressão e a exploração dos trabalhadores do sector do vestuário estão física e politicamente afastados da formulação de políticas que regem toda a indústria do comércio. O ativismo a nível local, apesar da consciencialização dos consumidores a nível internacional, continua a ser vítima do facto de a *organização da* indústria do comércio global se basear numa estrutura de poder cujos principais espaços de tomada de decisão têm permanecido largamente inacessíveis ao leigo comum.

Mesmo quando instituições como a Organização Mundial do Comércio têm sofrido pressões crescentes para resolver as desigualdades da indústria do comércio global, o resultado tem sido políticas de desenvolvimento que preservam as premissas económicas neoliberais. O desenvolvimento tem continuado a ser promovido pelas instituições do comércio mundial e as políticas conexas têm-se centrado no rápido crescimento do PIB. Tem sido dada muita atenção ao efeito prejudicial das políticas da OMC que ignoram ou impedem o desenvolvimento de infra-estruturas ou benefícios sociais para as comunidades empobrecidas. Como resultado, as políticas comerciais dominantes continuaram a servir os interesses económicos das nações mais ricas do mundo, e a produção de bens que alimentam os nossos estilos de vida consumistas - e beneficiam as corporações do Norte - continua.

Olhando especificamente para o movimento do comércio justo e para as marcas que abraçaram a moda ética, a realidade é que estas continuam a funcionar como entidades privadas com as suas próprias agendas económicas e objectivos financeiros. O comércio justo continua a ser um mercado económico com "um modelo empresarial de escolha do consumidor que funciona dentro das estruturas capitalistas normais".[32] Está sujeito às mesmas pressões da oferta e da procura por parte dos consumidores, a fim de gerar lucros e continuar a existir. Os produtos do comércio equitativo e as empresas que os importam estão sempre abertos a processos competitivos e devem garantir que os produtos são comercializados de forma a que um consumidor compre produtos do comércio equitativo em vez de outro produto semelhante.

> Na prática, os retalhistas, grossistas e fabricantes são livres de cobrar o que quiserem pelos produtos de Comércio Justo. O Comércio Justo não monitoriza ou controla o montante da sobretaxa que cobram. Quase nunca é possível para um consumidor determinar o montante que lhe está a ser cobrado.[33]

O comércio justo baseia-se no princípio de que o consumidor compra um produto mais caro, mas produzido de forma ética. No entanto, a maioria dos consumidores

---

32 Opal, *op. cit.*, p.53

33 Griffifths, Peter (2011) *Ethical objections to fair trade [Objecções éticas ao comércio justo].* [Em linha] Disponível em: http://www.griffithsspeaker.com/Fairtrade/Ethical%20Objections%20to%20Fairtrade%20web.pdf [Acedido em 12th de agosto de 2014] p.5

não faz ideia se o seu dinheiro está efetivamente a beneficiar o produtor. A única garantia que os consumidores recebem é o familiar logótipo Fairtrade, que se tornou sinónimo do movimento do comércio ético. Na realidade, "a proporção do preço de venda final de um produto do Comércio Justo que vai para o produtor é muito pequena".[34] O mercado não dispõe de uma rastreabilidade generalizada e "uma grande parte do dinheiro que chega ao Terceiro Mundo é gasto no custo da conformidade e da certificação do Comércio Justo".[35]

Para as marcas de moda que adoptam uma abordagem ética da sua produção, a tendência dominante é a de uma empresa se concentrar, durante uma determinada estação, numa causa ética que é acessória às suas motivações comerciais gerais. Muitas vezes, mantêm as suas colecções e produtos dominantes, orientados para o consumidor, que apoiam os objectivos económicos da empresa. Proporcionar melhores salários ou condições de trabalho continua a ser um ato de benevolência por parte das multinacionais, que não são obrigadas a assumir um compromisso permanente com a vida dos trabalhadores da produção. Os produtores permanecem, em grande medida, impotentes face às forças externas que continuam a ditar quanto lhes é pago, o que produzem e a que ritmo. Apesar de bem-intencionadas, muitas marcas de moda ética e as acções que desenvolvem baseiam-se mais em noções de boa vontade e caridade do que de desenvolvimento sustentável.

Mesmo para os produtores que recebem um salário mais elevado, temos de perguntar se este permite a mera sobrevivência ou uma verdadeira redução da pobreza. Os salários pagos pelas empresas de moda ética e pelos programas de comércio justo podem permitir que os trabalhadores se alimentem a si próprios e às suas famílias com uma dieta mais alargada ou durante um período de tempo mais longo, mas será que lhes permite investir na produção de novos produtos, enviar todos os seus filhos para a escola ou pagar cuidados de saúde adequados? Isto leva-nos de novo à questão crucial do que entendemos por "desenvolvimento". O

[34] Opal, *op. cit.*, p.29

[35] Griffifths, *op. cit.*, p.29

verdadeiro desenvolvimento sustentável deve ir além das soluções de curto prazo e de pequena escala e das melhorias fraccionadas na vida dos trabalhadores. O comércio justo e as marcas de consumo éticas fazem parte de uma onda de ação social e política que varre o Norte. É uma forma de ação que permite que as estruturas de poder se mantenham inalteradas e deixa aos consumidores a opção de ajudar ou não os produtores explorados do Sul através de acções que, em última análise, são de natureza consumista.

O desenvolvimento sustentável para os indivíduos e as suas comunidades exige teoria, ação e política baseadas fundamentalmente no compromisso de assegurar que uma geração tenha o poder de proporcionar melhores oportunidades e padrões de vida para si própria e para a seguinte. Melhorias fragmentadas nos salários dos produtores não trarão o desenvolvimento radical da vida humana que tirará as comunidades do Sul do empobrecimento. Apesar das conquistas do movimento dos trabalhadores do vestuário como um todo, os principais espaços de poder que moldam as políticas comerciais fundamentais que ditam a natureza da indústria de produção global como um todo permaneceram em grande parte inalterados. Tanto para os consumidores como para as multinacionais, "a responsabilidade ética continua a ser uma forma de benevolência, reproduzindo um conjunto de oposições entre consumidores activos e beneficiários passivos". [36]

[36] Barnett, *op. cit.*, p.42

Ajuda ou entrave?

Dispomos atualmente de um compromisso formidável para formalizar e defender os direitos humanos das mulheres nos estatutos, declarações e instituições do direito internacional. No que diz respeito aos direitos económicos, o Pacto Internacional sobre os Direitos Económicos, Sociais e Culturais "aborda o direito de todas as pessoas a beneficiarem de condições de trabalho justas e favoráveis, incluindo 'salários justos e igual remuneração por trabalho de igual valor, sem distinção de qualquer espécie, sendo garantidas às mulheres, em particular, condições de trabalho não inferiores àquelas de que beneficiam os homens'".[37] Estas disposições demonstram claramente que as injustiças específicas enfrentadas pelas mulheres são tidas em conta no direito internacional.

A Convenção sobre a Eliminação de Todas as Formas de Discriminação contra as Mulheres (CEDAW), adoptada em 1979, apresenta uma descrição exaustiva dos direitos humanos das mulheres.[38] A CEDAW é "frequentemente descrita como uma declaração internacional de direitos para as mulheres".[39] A singularidade da Convenção reside no facto de "abordar a discriminação contra as mulheres" e de "abranger todos os direitos, garantindo explicitamente a igualdade no gozo dos direitos civis e políticos, bem como dos direitos económicos, sociais e culturais".[40] O poder radical da CEDAW reside no seu Comité, "um órgão de peritos criado em 1982... composto por 23 peritos em questões de mulheres de todo o mundo". [41]Com um mandato altamente direcionado, a Convenção "impõe obrigações explícitas aos

---

[37] Haxton & Olsson, *op. cit.*, p.23

[38] Convenção sobre a Eliminação de Todas as Formas de Discriminação contra as Mulheres, 1979, 124a UNTS 13 (CEDAW).

[39] Women Watch (2010) *Gender Equality in the Context of Globalisation, Trade Liberalisation and the UN Development Agenda.* [Em linha] Disponível em: http://www.un.org/womenwatch/feature/trade/Gender-Equality-in-the-Context-of-Globalization-Trade-Liberalization-and-the-UN-Development-Agenda.html [Acedido em 26º de julho de 2014].

[40] Bendedek, Wolfgang; Kissakye, M. Esther e Oberleitner, Gerd (2002) *The Human Rights of Women: International Instruments and African Experiences.* Zed Books. Caraway, L. Teri (2007) *Assembling Women: The Feminization of Global Manufacturing.* Cornell University Press. p. 120

[41] Women Watch, *op. cit.*

Estados Partes no que diz respeito à discriminação por parte de entidades privadas, e não apenas pelo Estado ou por funcionários públicos".[42] Para além disso, a

O Protocolo Facultativo à Convenção "permite que os indivíduos apresentem o seu caso ao Comité CEDAW se tiverem sido esgotadas todas as opções nacionais para resolver alegações de discriminação".[43] Estas conquistas legais dedicadas à concretização dos direitos das mulheres ofereceram e continuam a oferecer protecções e soluções tangíveis às mulheres em todo o mundo.

Embora estas conquistas devam ser devidamente tidas em conta, todo o discurso dos direitos humanos que sustenta o regime jurídico internacional tem sido objeto de muitas críticas por parte de teóricos e profissionais africanos. Estas críticas centram-se principalmente no carácter etnocêntrico ou "ocidental" dos direitos humanos, que pode parecer culturalmente desligado do contexto africano ou mesmo do sul dos países em desenvolvimento. A ênfase histórica nos direitos civis e políticos tem sido criticada por não refletir as necessidades sociais, económicas e culturais mais prementes das comunidades africanas. Apesar destes argumentos, 48 Estados do continente são partes no Pacto Internacional sobre os Direitos Civis e Políticos de 1966 e 45 no Pacto Internacional sobre os Direitos Económicos, Sociais e Culturais de 1966. [4445]O Protocolo à Carta Africana dos Direitos Humanos e dos Povos sobre os Direitos das Mulheres em África entrou em vigor em 2003.45 Embora se trate de um passo em frente em termos de formalização dos direitos humanos das mulheres africanas, Banda salienta as deficiências de "um documento visionário sem líderes visionários dispostos a comprometerem-se a si próprios e aos seus governos a

---

[42] Bendedek, *op. cit.*, p.120

[43] Centro de Recursos para as Mulheres (2014) *CEDAW.* [Online] Disponível em: http://thewomensresourcecentre.org.uk/our-work/cedaw/ [Acedido em 11th de julho de 2014] e Protocolo Facultativo à Convenção sobre a Eliminação de Todas as Formas de Discriminação contra as Mulheres, adotado e aberto à assinatura, ratificação e adesão pela Resolução 54/4 da Assembleia Geral, 6 de outubro de 1999.

[44] Banda, Fareda (2005) *Women, Law and Human Rights: An African Perspective.* Hart Publishing. p.45

[45] Protocolo à Carta Africana dos Direitos Humanos e dos Povos sobre os Direitos das Mulheres em África 2003. Assembly/AU/Dec.14 (II)

melhorar a vida das mulheres e raparigas nas suas sociedades".[46]

Apesar dos progressos realizados na formalização dos direitos humanos das mulheres a nível internacional e regional, continua a existir um fosso entre a realidade quotidiana das mulheres dos países em desenvolvimento e os principais pactos e declarações que consagram os seus direitos. Um dos primeiros obstáculos à concretização destes direitos é a consciencialização. A maioria das mulheres, especialmente nas comunidades rurais em desenvolvimento, pode compreender que o seu Estado tem alguma forma de dever de assegurar a sua sobrevivência. No entanto, isto é muito diferente da capacidade prática de aceder a processos de reparação para responsabilizar as empresas e os Estados. Esta realidade a nível estatal impede frequentemente as mulheres de acederem a espaços de justiça para manifestarem as suas preocupações ou exigirem o respeito pelos seus direitos. Além disso, o esgotamento de todas as vias de recurso a nível estatal é frequentemente o precursor de petições legais internacionais. No entanto, se os canais estatais são eles próprios hostis, inacessíveis e dispendiosos para a maioria da população feminina, o acesso aos espaços internacionais de justiça não é simplesmente uma opção para muitas mulheres.

Estes obstáculos à concretização dos direitos das mulheres oprimidas nos países em desenvolvimento devem ser confrontados com o estado atual dos mecanismos jurídicos internacionais. A capacidade de aplicação do direito internacional e das suas instituições tem continuado a enfrentar desafios que decorrem diretamente da natureza cada vez mais globalizada do nosso mundo. A crescente desterritorialização do capital está a destruir os pilares tradicionais do poder e da autoridade, incluindo o direito. A crescente influência global das empresas multinacionais tem permitido que o seu poder se sobreponha às decisões dos Estados. Os Estados são agora cada vez mais encorajados a formular políticas que beneficiam ou apoiam os interesses de empresas cujo poder económico se estende para além da sua localização física. Como Cable argumenta, o Estado-nação "perdeu" a sua soberania para instituições e

---

[46] *Ibid,* p.298

mercados regionais e globais.[47]

Os interesses de empresas poderosas estão agora entrelaçados com os dos Estados, impedindo que os mecanismos jurídicos internacionais processem e acusem plenamente as entidades estatais onde ocorreram violações dos direitos humanos. A aplicação de sanções contra as partes infractoras está agora indissociavelmente ligada a questões de riqueza, fidelidade política e influência comercial global. A capacidade dos governos para garantirem os direitos dos trabalhadores nos sistemas de produção globais fica... comprometida quando as grandes empresas compradoras influenciam a produção e, consequentemente, as condições de trabalho, mas não assumem qualquer responsabilidade formal pelo emprego e estão fora do alcance legal dos países de onde provêm".[48] Este processo de desterritorialização reduziu a capacidade do direito internacional de identificar os abusos cometidos por um representante do Estado e de adotar as sanções adequadas.

A globalização permitiu que as empresas existam fisicamente numa parte do mundo e, ao mesmo tempo, possam gerir operações em muitos países diferentes. O direito internacional assenta na capacidade de as instituições jurídicas internacionais responsabilizarem os Estados pela não aplicação de determinados direitos aos seus cidadãos. Quando a própria natureza do Estado está a mudar perante os nossos olhos e a ser moldada de uma forma nunca antes vista, é natural que a nossa compreensão da capacidade do direito internacional para cumprir o seu objetivo fundamental seja também examinada.

Os fundamentos do nosso regime jurídico internacional são as considerações inequívocas dos direitos humanos universais. As instituições e os funcionários nomeados para governar o domínio internacional da justiça devem, em teoria, administrar estes direitos a todos, sendo a igualdade o princípio orientador de todas as decisões. No entanto, os profissionais e os académicos de todo o mundo têm apontado constantemente para o enfraquecimento das nossas instituições

[47] Rai, *op. cit.* p.103
[48] Stavaren, *op.cit.* p.246

internacionais a este respeito e no cumprimento do seu mandato original, que é o de conceder a todos os seres humanos direitos inalienáveis.

Mesmo nos nossos espaços mais fiáveis e estimados da política e do direito internacionais, os interesses das empresas e dos Estados economicamente mais poderosos têm peso suficiente para moldar decisões que têm efeitos globais. À medida que as empresas multinacionais continuam a crescer, adquirindo cada vez mais interesses nos Estados e o comércio continua a proliferar através das fronteiras internacionais, o regime jurídico internacional pode continuar a ser dificultado na concretização dos direitos das massas oprimidas. Além disso, se as políticas discriminatórias continuarem a ser protegidas pelas decisões das instituições internacionais ( ), a esperança de uma solução para os problemas dos explorados nos espaços jurídicos tradicionais tornar-se-á cada vez mais remota.

Têxteis e comércio africanos

A organização do sector do comércio mundial caracteriza-se por uma desigualdade profundamente enraizada entre produtores poderosos e desfavorecidos no mundo em desenvolvimento. A participação de África no comércio com o resto do mundo tem sido muito mais desequilibrada do que noutras regiões, dominada pelo aumento das importações - o que reflecte a falta de competitividade da capacidade de produção interna da região.[49] O continente detém apenas uma pequena parte do comércio mundial, apesar de ser um dos locais mais ricos em recursos do planeta. É difícil dar uma imagem global do comércio mundial africano, uma vez que as tendências variam de país para país. Por exemplo, "países como a África do Sul representam o extremo mais elevado do espetro, enquanto regiões como o Burundi registam os volumes de comércio mais baixos".[50] Incapaz de acompanhar o ritmo tecnológico de outras nações, África tem tido dificuldade em tirar partido das cadeias comerciais globais.

Uma das principais razões para as dificuldades económicas de África é o facto de o continente exportar principalmente matérias-primas e importar produtos manufacturados. Como as matérias-primas são mais baratas do que os produtos manufacturados, é difícil para os países que dependem da exportação de matérias-primas gerar receitas suficientes para estimular o crescimento económico. Além disso, muitas nações africanas são apanhadas no estrangulamento da ajuda financeira, cujos efeitos nocivos estão bem documentados. As instituições financeiras internacionais e as nações poderosas têm sido constantemente atacadas pela forma como a ajuda é administrada em África e pelos ciclos de dependência que gera.

---

[49] Haxton, Eva e Olsson, Claes (eds.) (1997) *Women and Sustainability in International Trade.* Global Publications Foundation - International Coalition for Development Action. p.6

[50] Economy Watch (2010) *Comércio, exportações e importações de África.* [Em linha] Disponível em: http://www.economywatch.com/world economy/africa/export-import.html [Acedido em 8th de agosto de 2014].

As políticas contemporâneas de desenvolvimento económico entre os países africanos e as instituições de comércio internacional também têm sido fortemente criticadas por promoverem agendas comerciais que não proporcionam um desenvolvimento sustentável a longo prazo para as comunidades africanas. Pelo contrário, a imposição de condições estritas aos acordos de ajuda ou aos contratos comerciais tem ajudado a moldar as políticas estatais para servir os interesses de nações, instituições e empresas multinacionais poderosas. Como resultado, as comunidades em sofrimento não beneficiam frequentemente dos acordos de ajuda e de comércio.

No que diz respeito à indústria têxtil, as vantagens climáticas de África e a abundância de recursos naturais favoreceram a produção de algodão e o aparecimento de uma indústria têxtil nacional. No entanto, os distúrbios pós-coloniais e "a economia em declínio de África, entre os anos 70 e 90, significaram que as pessoas tinham menos dinheiro para gastar em vestuário e que a atenção se deslocou para necessidades mais básicas, como a alimentação para sobreviver".[51] Atualmente, a África do Sul domina o mercado africano de têxteis e vestuário, mas "os principais beneficiários têm sido os fornecedores estrangeiros e não a própria indústria sul-africana" [(4)].[52]

Esta rede de desigualdades repete-se noutros países em desenvolvimento e conduz a uma exploração contínua das comunidades e, em particular, das mulheres. A nível local, as mulheres "sofrem de uma miríade de problemas civis, políticos, económicos, sociais e culturais".[53] A sua entrada no sector do trabalho, em fábricas onde os salários são baixos e as condições de trabalho difíceis, resulta em desigualdades e abusos baseados no género, que são multifacetados.

---

[51] Open Economy (2013) *O comércio justo e a crítica da revista "The Economist".* [Online]. Disponível em: https://www.opendemocracy.net/openeconomy/alastair-michael-smith/fair-trade-and-economists-critique [acedido em 12 de agosto de 2014].

[52] Knitwear industry (2014) The *South African textile and clothing industry has benefited the least from growth in the clothing retail sector.* Disponível em: http://www.knittingindustry.com/south-africas-textile-and-clothing- industry-has-benefited-the-least-from-growth-in-the-clothing-retail-sector/ [Acedido em 8th de agosto de 2014].

[53] Levitt, I. Jeremy (2010) *Africa: Mapping New Boundaries in International Law.* Hart Publishing. p.13

Etiópia - Um estudo de caso

Embora a indústria têxtil e de vestuário da África do Sul detenha a maior quota do mercado africano, a Etiópia destaca-se de uma forma única. Isto deve-se à abordagem particular do governo para desenvolver e apoiar a indústria têxtil e de vestuário do país, bem como às oportunidades de desenvolvimento sustentável. Historicamente, "a indústria têxtil da Etiópia remonta a 1939, quando as primeiras fábricas foram instaladas no local durante a ocupação do país pela Itália fascista".[54] A Etiópia sempre cultivou algodão,

A indústria têxtil é considerada "um contributo importante para a satisfação das necessidades da população em matéria de têxteis e para a criação de emprego em grande escala para as famílias rurais e urbanas".[55] Surgiram vários tipos de propriedade, tais como empresas públicas, empresas privadas, sociedades anónimas, sociedades de pessoas e empresas em nome individual, empresas comuns, etc.[56] Graças aos conselhos e às políticas económicas do governo etíope, a indústria têxtil e de vestuário nacional continuou a desenvolver-se e começou a atrair empresas multinacionais.

A indústria emprega mais de 30.000 pessoas no sector formal e outros milhares estão indiretamente empregados no sector informal do tear manual, que inclui pequenas, médias e microempresas envolvidas na produção de tecidos tradicionais".[57] Atualmente, a H&M, a Tesco, a Primark e a Asda produzem roupa na Etiópia, sendo que o Reino Unido representa 10%, outros países europeus 5% e os EUA 40%. [58]É inegável que estas marcas internacionais foram atraídas para o país principalmente devido à "presença de uma mão de obra barata, qualificada e

---

[54] Deutsche Welle (2014) *Ethiopia - next stop for the textile industry?* [Online] Disponível em: http://www.dw.de/ethiopia-next-stop-for-textile-industry/a-17043826 [Acedido em 6 de maio de 2014]

[55] Chavan, B. R. (2010) *Ethiopian Textile Industry Presents Status and Future Growth Perspectivas.* [Em linha] Disponível em: http://www.slideshare.net/nega2002/ethiopian-textile-industry-final [Acedido em 8 de setembro de 2014] p. 103

[56] *Ibid,* p.104

[57] *Ibid,* p.127

[58] Guia de Moda de África. (2013) *An overview of the Ethiopian garment industry (Uma visão geral da indústria de vestuário da Etiópia).* [Em linha] Disponível em: http://www.africafashionguide .com/2013/11 /an-insight-into-ethiopian-garment-industry/ [Acedido: 19th julho 2014].

altamente motivada".[59]

O crescimento económico estável do país e o clima político pacífico ajudaram a criar condições favoráveis ao interesse internacional na indústria de vestuário etíope. O governo etíope está empenhado em garantir que a indústria progrida e continue a desenvolver-se de uma forma que beneficie as comunidades locais. A tónica é colocada no desenvolvimento da indústria nacional até que esta possa operar no local sem depender do comércio com as multinacionais. Esta é uma oportunidade para olhar para o desenvolvimento de África sem recorrer a pressupostos hegemónicos. A tendência em muitas nações africanas tem sido a de negligenciar totalmente a produção local de produtos básicos, em favor da produção de bens que só podem ser comercializados nos mercados internacionais. Isto tem prejudicado muitas indústrias locais africanas, particularmente no sector agrícola, onde as comunidades podem recorrer à produção de culturas de rendimento para os mercados internacionais, dizimando e monopolizando a terra arável para culturas naturais destinadas a alimentar as comunidades locais.

Apesar das boas intenções do governo etíope, as mulheres que dominam a indústria têxtil e do vestuário sofrem frequentemente os mesmos abusos que as suas homólogas noutras partes do mundo. A Federação Industrial Etíope dos Trabalhadores dos Sectores Têxtil, do Couro e do Vestuário pôs em evidência casos de abuso e sistemas de desigualdade que afectam duramente as trabalhadoras fabris. [60]A Federação uniu forças com a IndustriALL, "um sindicato global empenhado na luta pelos trabalhadores", para organizar uma série de workshops em Adis Abeba para falar com as trabalhadoras da indústria do vestuário. As entrevistas efectuadas durante os seminários evidenciaram os riscos para a saúde associados ao pó e aos fumos que as mulheres suportam. As mulheres sublinharam também a existência de uma hierarquia técnica clara nas fábricas, que permitia aos colegas do sexo

[59] Embaixada da Etiópia [Em linha] *Investing in Ethiopia - Textiles [Investir na Etiópia - Têxteis].* Disponível em: http://www.ethiopianembassy.org/PDF/InvestingTextiles.pdf [Acedido em 10 de setembro de 2014]
[60] IndustriAll - Global Union (2013) *Ethiopian Textile Workers Union Empowers Women.* [Em linha] Disponível em: http://www.industriall-union.org/ethiopian-textile-workers-union-empowers-women [Acedido em 22 de maio de 2014]

masculino executar as tarefas mais sofisticadas e ganhar salários mais elevados em cargos de direção. As mulheres não conseguem aceder a estes cargos porque não são tomadas medidas para a sua formação e desenvolvimento técnico.

Em conformidade com as afirmações dos teóricos da reprodução social, as mulheres etíopes explicaram que eram "muitas vezes obrigadas a fazer horas extraordinárias... um problema para as mulheres porque é difícil dividir o tempo das mulheres entre o trabalho e a família".[61] São também frequentes os casos de assédio sexual, nomeadamente por parte de homens que ocupam uma posição mais elevada do que as trabalhadoras. Estas realidades enfrentadas pelas mulheres na indústria etíope ilustram os desafios que ainda têm de ser enfrentados para que a indústria têxtil e do vestuário seja um local de trabalho seguro e não discriminatório para as mulheres.

As deficiências ao nível das infra-estruturas, do equipamento, da investigação e da gestão, bem como os casos de maus tratos aos trabalhadores, são áreas que requerem atenção e uma estratégia governamental empenhada para melhorar o sector. No entanto, a Etiópia continua a apresentar um caminho de desenvolvimento distinto para uma nação africana, graças ao desenvolvimento de um sector agrícola e pecuário.

indústria nacional. [62]O governo etíope criou um ambiente favorável ao desenvolvimento específico do subsector têxtil" e reconheceu a necessidade de oferecer oportunidades de formação técnica aos trabalhadores e artesãos locais.

A interação económica Sul-Sul continua a atrair o interesse de teóricos e profissionais. Ao desenvolver a sua própria indústria nacional para benefício da comunidade local, a Etiópia também oferece a oportunidade de criar cadeias comerciais com outros países africanos. Se o Sul comercializar dentro das suas fronteiras, é de esperar que a dependência e a asfixia das relações comerciais

---

61 *Ibid.*

62 Chavan, *op. cit.* p.109

desiguais com o Norte acabem por ser atenuadas. Uma maior interação económica entre os países do Sul permitiria que o desenvolvimento fosse essencialmente de natureza local, proporcionando a tão necessária estabilidade interna que falta a muitas nações do Sul e as torna vulneráveis às desigualdades da ordem comercial global.

A visão

No final desta discussão, espero que tenham sido postos em evidência os mecanismos e as concentrações de poder que dominam a indústria têxtil e do vestuário a nível mundial. As consequências desta ordem recaem direta e violentamente sobre as mulheres que trabalham na indústria de produção global. Vivendo em Estados onde já são empobrecidas, o seu sofrimento é exacerbado pela sua entrada em cadeias comerciais que são puxadas e puxadas por forças globais fora do seu controlo. Os contra-movimentos que surgiram para combater as desigualdades da indústria do comércio global conseguiram, em grande medida, um desenvolvimento a curto prazo, por oposição à mudança de regime a longo prazo e ao desenvolvimento sustentável. Em última análise, as abordagens dominantes e opostas da indústria têxtil e de vestuário global permitem que os trabalhadores da produção permaneçam numa posição submissa, incapazes de exigir os salários ou as condições que consideram necessários para o seu próprio desenvolvimento sustentável.

Se quisermos ter em conta a interação entre as esferas social e económica e a importância particular que esta relação tem para as mulheres no mundo em desenvolvimento, temos de nos desafiar a pensar no desenvolvimento de forma diferente. As nossas teorias e acções devem procurar mudar as estruturas de poder e influenciar a tomada de decisões. O nosso diálogo deve começar com as pessoas que trabalham nas fábricas. As nossas políticas devem partir, em primeiro lugar, da sua ideia de desenvolvimento e da melhoria das suas condições de vida. Impusemos a nossa conceção de desenvolvimento às pessoas marginalizadas e assumimos que o facto de ganharem um pouco mais ou de poderem trabalhar num edifício com menos probabilidades de ruir é uma garantia de desenvolvimento. O modelo de produção dominante "está organizado ao longo de uma cadeia liderada pelo comprador". [63]No entanto, precisamos de imaginar uma mudança de paradigma em que os modelos de

[63] Nguyen & Zampeth, *op. cit.* p.143

cadeia de negócios não sejam liderados pelo consumidor, mas sim pelo produtor.

Para muitos, este é um pensamento incómodo. Estamos tão habituados às normas do consumismo capitalista e aos modelos de negócio que impulsionam a procura dos consumidores, que só o facto de pensarmos em algo diferente pode ser desconcertante. Para satisfazer a nossa consciência, compramos produtos de comércio justo ou éticos, mas não nos atrevemos a perguntar se os produtos que compramos estão realmente a ajudar comunidades inteiras a libertarem-se dos grilhões da pobreza. Deveríamos imaginar possibilidades em que o poder de negociação deixa as nossas fachadas de lojas e salas de reuniões e é exercido no local. Os produtores devem ter o poder de se desenvolverem a si próprios, às suas comunidades e às suas indústrias nacionais. A caridade, as esmolas ou os pequenos aumentos salariais apresentados como desenvolvimento não vão ao cerne da luta contra a pobreza. Os nossos modelos de desenvolvimento devem ir para além da economia e abraçar o progresso social a par das oportunidades salariais.

No horizonte do trabalho da minha vida, imagino uma forma de ação que ultrapassa os limites da empatia e que tem genuinamente a ver com o trabalho, o apoio e a capacitação das comunidades do Sul para alcançarem o desenvolvimento sustentável. Apesar da abordagem crítica que adoptei neste trabalho, não quis ignorar completamente as conquistas dos movimentos comerciais contra-hegemónicos ou as muitas conquistas do regime de desenvolvimento internacional - particularmente para as mulheres no mundo em desenvolvimento. De facto, muitas lições e abordagens benéficas abriram caminho a novas ideias e formas de ação que se seguiram, proporcionando oportunidades para desenvolver as realizações do passado e as formas de ação actuais.

Prevejo um modelo de desenvolvimento duplo para as mulheres dos países em desenvolvimento, com especial incidência na indústria têxtil e do vestuário a nível mundial. Como já referi, a minha própria empresa está sediada em Londres e, a longo prazo, procuraria produzir vestuário em fábricas africanas que estaria disponível para os consumidores do Sul e do Norte. Sendo a Etiópia o estudo de caso para este trabalho, o país fornece um contexto a partir do qual se pode imaginar a produção de bens africanos para os mercados locais, Sul-Sul e internacionais. A cadeia comercial seria fundada e moldada pelas considerações económicas dos trabalhadores. Em teoria, esta seria uma trajetória inversa à que domina atualmente a indústria do comércio, em que o foco está no consumidor no final da cadeia comercial.

Deveria ser dedicado tempo a determinar o nível de remuneração que permitiria aos trabalhadores do sector do vestuário ir além da mera sobrevivência e promover um verdadeiro desenvolvimento sustentável para si próprios e para as suas famílias. Para tal, seria necessário um diálogo aprofundado e, sobretudo, uma investigação. Os salários pagos aos trabalhadores do sector do vestuário constituiriam então a base e o ponto de referência para a definição de toda a cadeia comercial, trabalhando de trás para a frente e chegando, em última análise, aos preços cobrados pelo vestuário no final da cadeia de produção, ao nível do retalho. Aqui, os salários dos trabalhadores determinarão o preço da peça de vestuário, fixado a um nível que vai para além do "suficientemente justo". Em teoria, isto deveria permitir aos produtores fazer escolhas, dado que a escolha é a chave para reduzir a pobreza. Para as mulheres trabalhadoras, a conversa seria essencial para determinar como podem reter a maior parte dos seus salários. Idealmente, os salários seriam utilizados para investir na sua própria capacitação, de modo a obterem múltiplas fontes de rendimento ou em formação académica/vocacional ou técnica.

O segundo elemento da minha própria visão é explorar as possibilidades de fusão das esferas económica e social. No contexto da Etiópia, a minha visão seria trabalhar com o Estado etíope para desenvolver as unidades de produção locais existentes, principalmente através da melhoria do equipamento tecnológico e da gestão. Prevejo que estes locais de produção também se desenvolvam para oferecer às mulheres trabalhadoras acesso a cuidados de saúde, cuidados infantis e formação. A fusão entre a esfera do trabalho e a esfera social permitiria aliviar os encargos mais pesados que pesam sobre estas mulheres. Isto romperia com as noções económicas hegemónicas que defendem que a esfera do trabalho e a esfera social devem permanecer distintas e separadas.

O meu debate ilustrou a interligação crucial entre as esferas económica e social, que tem implicações específicas para as mulheres nos países em desenvolvimento. Ao proporcionar às mulheres destas comunidades a oportunidade de acederem a um trabalho remunerado equitativo, bem como a cuidados de saúde, a cuidados infantis e a oportunidades de formação técnica, espera-se que seja possível uma mudança positiva no sentido do desenvolvimento sustentável na vida destas mulheres. Este modelo pode causar desconforto a muitos pensadores do Norte, porque fomos condicionados a assumir que os direitos sociais e económicos devem ser distribuídos apenas através do mecanismo do Estado. A nossa própria posição no seio de Estados que são relativamente capazes de garantir os direitos sociais levou-nos a acreditar que os Estados em desenvolvimento do Sul deveriam ser responsabilizados da mesma forma.

Um dos principais objectivos dos regimes jurídicos internacionais é responsabilizar os países em desenvolvimento pelas suas falhas no respeito pelos direitos humanos. No entanto, se olharmos apenas para África, muitos Estados são estrutural e politicamente fracos, o que torna a concretização dos direitos socioeconómicos dos seus cidadãos um processo frustrante e, por vezes, inexistente. Embora tenhamos de continuar a responsabilizar os Estados pela aplicação dos direitos humanos, a minha visão centra-se nas oportunidades de as organizações terceiras trabalharem em uníssono com os esforços locais para afetar os processos e proporcionar oportunidades para quebrar os ciclos de empobrecimento.

Muitos argumentam que a presença de milhares de instituições de caridade e ONG em África é já uma prova desta forma de ação, que é acompanhada por milhares de milhões de dólares de ajuda. Embora não pretenda entrar numa análise da eficácia do sector caritativo em África, temos de voltar sempre à noção de desenvolvimento sustentável. Há, de facto, toda uma série de projectos e iniciativas que beneficiam aqueles que sofrem, mas a redução da pobreza depende das dinâmicas de poder. Embora esteja a ser feito um trabalho incrível no continente, o poder de escolher o seu destino e a disponibilidade de oportunidades que irão afetar os benefícios económicos e sociais a longo prazo para as gerações vindouras continuam a ser uma miragem distante para milhões de pessoas - em particular para as mulheres.

Actividades não jurídicas

Expandindo as minhas críticas anteriores ao direito internacional para defender os direitos das pessoas marginalizadas, penso que devemos continuar a questionar seriamente as formas tradicionais de procurar justiça. Embora seja importante procurar soluções para as violações dos direitos humanos dentro dos espaços legais, não podemos excluir outras formas de ação que possam estar fora desses espaços prescritos. Confiar nos canais formais das instituições jurídicas para fazer valer os direitos humanos é apenas uma forma de abordar os fardos suportados pelos povos explorados. Fomos condicionados a acreditar que a justiça e a luta pela igualdade só podem ser alcançadas nos tribunais, através da adesão a pré-requisitos judiciais sobre a forma como falamos e formulamos as nossas queixas nesses espaços. Tentar alcançar os mesmos resultados, sem recorrer a esses espaços ou aos seus códigos de linguagem e comportamento, pode acabar por classificar essa ação como "ilegal".

O direito funciona nomeando, mantendo o poder de atribuir legalidade e ilegalidade. A história é o nosso maior testemunho de que aqueles que muitas vezes defendem a emancipação e a justiça para as massas abusadas vêem as suas acções instantaneamente rotuladas de ilegais. Devemos perguntar-nos porque é que estes defensores da justiça e da igualdade foram considerados criminosos pelos processos e designações formalistas da lei. O capitalismo é um sistema que exige que certos grupos de pessoas permaneçam em posições subordinadas, a fim de sustentar hierarquias de poder. A riqueza e a autoridade concentrada dos grupos dominantes estão indissociavelmente ligadas à dominação das massas. Os sistemas de poder facilitam o empobrecimento, o que tem o efeito de frustrar o sofrimento endémico de certos grupos.

É por isso que é perigoso imaginar acções que existam fora dos processos legais.

Conceber e imaginar movimentos e formas de ação que visem dar poder às massas oprimidas é uma ameaça direta aos poderosos deste mundo. Se essas acções forem consideradas ilegítimas pela linguagem do direito formal, temos de nos perguntar se esse é um risco que estamos dispostos a correr enquanto defensores dos direitos humanos, da igualdade e da justiça. O direito internacional e as suas instituições estão a lutar para cumprir o mandato fundamental sobre o qual foram fundados, o que faz com que imaginar uma ação radical e não legal seja uma necessidade, não uma opção. A ideia de uma empresa de moda sediada no Norte que se envolva em cadeias comerciais centradas no produtor nos seus compromissos com fabricantes de vestuário africanos, a fim de promover o desenvolvimento a longo prazo das comunidades locais, pode muito bem estar em oposição ao status quo do comércio global. Dar ao produtor o poder de ditar a forma da cadeia comercial é um desvio radical das respostas hegemónicas e mesmo anti-ordem da indústria de produção global.

Conclusão

Embora tenha adotado uma abordagem crítica aos movimentos que atualmente trabalham contra o sofrimento produzido pela indústria têxtil e do vestuário a nível mundial, não pretendi menosprezar totalmente alguns dos avanços positivos que têm feito. No entanto, muitas destas acções baseiam-se em noções que não confrontam diretamente os processos subjacentes que mantêm as desigualdades da indústria têxtil e do vestuário global. Em consonância com esta afirmação, gostaria de salientar que o direito internacional está limitado na sua capacidade de defender os direitos dos trabalhadores oprimidos do sector do vestuário. O poder do Estado está a ser gradualmente transformado sob a influência crescente das empresas multinacionais, e estes desenvolvimentos limitaram o poder dos quadros jurídicos internacionais de atribuir responsabilidades apenas aos Estados infractores.

Para garantir que as questões específicas das mulheres são tidas em conta no discurso sobre o desenvolvimento, é essencial que continuemos a fazer pressão para que as questões das mulheres sejam representadas nos espaços dominantes de elaboração de políticas. Nestas instituições e fóruns, as nossas palavras devem ser informadas pelas experiências e complexidades da realidade da vida no terreno. Não podemos esperar alcançar a mudança que desejamos se os espaços internacionais de poder permanecerem desligados do sofrimento que está a acontecer a nível local. Ao influenciar a política dentro destes espaços, podemos imaginar uma indústria empresarial global que esteja mais consciente dos fardos específicos das mulheres nos países em desenvolvimento. Só com modelos radicais que nos levem para fora das nossas zonas de conforto teóricas e práticas é que podemos começar a imaginar a emancipação total das mulheres do mundo em desenvolvimento de sistemas que continuam a deixá-las impotentes e empobrecidas.

Aplicar estas ideias a uma conceção africana do desenvolvimento significa trabalhar de perto com o que já está a ser feito nos países africanos, tendo em conta que cada país é diferente e tem o seu próprio contexto. A Etiópia oferece um protótipo de como os países africanos podem conceber o seu próprio desenvolvimento nacional, mantendo o poder sobre as suas interações com as empresas internacionais ( ). A minha própria visão e aspirações requerem uma reimaginação da forma como o comércio global tem sido ordenado. Defendo que as nossas interações com os fabricantes nos países em desenvolvimento devem, em primeiro lugar, ter como objetivo apoiar os trabalhadores com salários adequados, cuidados de saúde, formação e outras oportunidades. Esta forma de ação faz eco das principais declarações da política social da União Europeia.

A teoria da reprodução, imaginando a amálgama física das oportunidades económicas e dos serviços sociais. No fundo, esta ação permitiria compreender que "os direitos socioeconómicos são a base do desenvolvimento africano".[64]

Imaginar novas formas de ação para devolver o poder às mãos dos oprimidos oferecerá oportunidades de desenvolvimento a longo prazo e de emancipação do domínio do empobrecimento. Isto significa desafiar algumas das instituições e corporações mais poderosas que lucram com o sofrimento contínuo das pessoas marginalizadas. Estas vias radicais de desenvolvimento desafiam as ordens económicas fundamentais de uma das indústrias capitalistas mais importantes do mundo, e as nossas acções futuras podem não se enquadrar no âmbito das denominações e acções legalmente aprovadas. No entanto, numa altura em que a própria lei se está a desmoronar, nunca houve um momento mais apropriado do que agora para pensarmos criticamente sobre as nossas abordagens ao desenvolvimento e para considerarmos soluções que tenham como principal objetivo mudar completamente a ordem do sofrimento.

Num momento de introspeção, já consigo ver que a minha própria visão e modelo de desenvolvimento terão de passar por um rigoroso processo de análise, investigação e organização meticulosa. Uma entidade que é uma empresa privada, mas que trabalha com os governos para proporcionar oportunidades sociais e económicas, é um empreendimento vasto. Será necessário analisar a forma como uma organização do Norte poderá interagir de forma aberta e respeitosa com os

---

[64] Banda, *op.cit.* p.299

Estados em desenvolvimento e as comunidades locais. Um modelo deste tipo corre um grande risco de cair na forma de ação do "desenvolvimento benevolente" a que tanto me opus. Penso que enfrentar estas linhas de investigação restantes no final deste trabalho mostra que pôr o desenvolvimento em prática é uma batalha contínua, uma batalha através da qual estou preparado para continuar a aprender e a crescer, por mais difícil que seja. Até porque a vida de milhões de mulheres presas na ordem do sofrimento continua em jogo.

Bibliografia

Livros

Banda, Fareda (2005) *Women, Law and Human Rights: An African Perspective.* Hart Publishing.

Bendedek, Wolfgang; Kissakye, M. Esther e Oberleitner, Gerd (2002) *The Human Rights of Women: International Instruments and African Experiences.* Zed Books.
Caraway, L. Teri (2007) *Assembling Women: The Feminization of Global Manufacturing.* Cornell University Press.

Cook, Joanne; Roberts, Jennifer e Waylen, Georgina (eds.) (2000) *Towards A Gendered Political Economy.* Centro de Investigação em Economia Política, Universidade de Sheffield.
Elias, Juanita (2004) *Fashioning Inequality: The Multinational Company and Gendered Employment in a Globalizing World.* Ashgate.

Griffin, Penny (2009) *Gendering the World Bank. Neoliberalism and the Gendered Foundations of Global Governance.* Palgrave.

Granville, Brigitte e Dine, Janed (eds.) (2013) *The Processes and Practices of Fair Trade: Trust, Ethics and Governance.* Routledge.

Haxton, Eva e Olsson, Claes (eds.) (1997) *Women and Sustainability in International Trade.* Global Publications Foundation - International Coalition for Development Action.

Haxton, Eva e Olsson, Claes (eds.) (1999) *Gender Focus on the WTO.* Global Publications Foundation - International Coalition for Development Action.

Hertogh, Marc (2008) What is Non-State Law? Mapping the Other Hemisphere of the Legal World, in: Schooten, van J e Verschuuren J.M (eds.), *International*

Governance and Law: State Regulation and Non-State Law. Edward Elgar Publishing.

Levitt, I. Jeremy (2010) *Africa: Mapping New Boundaries in International Law.* Hart Publishing.

Nicholls, Alex e Opal, Charlotte (2005) *Fairtrade: Market-Driven Ethical Consumption.* Sage Publications.

Nguyen, T. N. A e Zampeth, Beviglia (2004) Trade and Gender: Opportunities and Challenges for Developing Countries - Nações Unidas, Nova Iorque e Genebra.

Rai, M. Shirin (2002) *Gender and the Political Economy of Development.* Polity.

Rai, M. Shirin e Waylen, Georgina (2014*) New Frontiers in Feminist Political Economy.* Routledge.

Stavaren, Irene; Elson, Diane; Grown, Caren e Cagatay, Nilufer (eds.) (2007) *The Feminist Economics of Trade*. Routledge.

Stewart, Ann (2011) *Gender, Law and Justice in the Global Market.* Cambridge University Press.

Jornais

Barnett, Clive; Cloke, Paul; Clarke, Nick e Malpass, Alice (2005) "Consuming Ethics: Articulating the subjects and spaces of ethical consumption. *Antipode,* 37 (1).

Beneria, L, e G. Sen, (1981) 'Accumulation, Reproduction and Women's Role in Economic Development: Boserup revisited". *Signes: Journal of Women in Culture and Society.* 7 (2).

Griffin, Penny (2007) 'Refashioning IPE: What and How Gender Analysis Teaches

International (Global) Political Economy', *Review of International Political Economy.* 14 (4).

Elson, Diane e Pearson, Ruth (1981) "Nimble fingers make cheap workers": An Analysis of Women's Employment in Third World Export Manufacturing'. *Feminist Review.* (7)

Elson, Diane (1993) "Gender-aware Analysis and Development Economics", *Journal of International Development.* 5 (2).

Hale, Angela e Shaw, M. Linda (2001) 'Women Workers and the Promise of Ethical Trade in the Globalised Garment Industry: A Serious Beginning? *Antipode.* 33 (3).

Jenkins, Jean (2013) "Organizing Spaces of Hope: Union Formation by Indian Garment Workers" [Organizar Espaços de Esperança: Formação de Sindicatos por Trabalhadores de Vestuário Indianos]. *British Journal of Industrial Relations* 51 (3).

Salomon, Margot E. (2012) 'Winners and others: accounting for international law's favourites'. Em: Gearty, A. G. e Douzinas, Costas (eds). *Cambridge Companion to Human Rights Law.* Cambridge : Cambridge University Press

Steinhoff, Uwe (2012) "Porque é que 'nós' não estamos a prejudicar os pobres do mundo: uma crítica de

O salto de Pogge da responsabilidade do Estado para a responsabilidade individual". *Razão Pública* (4).

Sítio Web

Guia de Moda de África. (2013) *An overview of the Ethiopian garment industry (Uma visão geral da indústria de vestuário da Etiópia).* [Em linha] Disponível em: http://www.africafashionguide.com/2013/11/an-insight-into-ethiopian-garment-industry/ [Acedido em 19th de julho de 2014].

Avaaz (2013) *Roupa sem culpa.* [Online] Disponível em: http://www.avaaz.org/en/crushed to make our clothes loc/?fp [acedido em 26 de junho de 2014].

Cebra. *Porquê o comércio justo?* [Em linha] Disponível no seguinte endereço: http://www.cebraonline.com/why-fair-trade-1 -w.asp [acedido em 2 de julho de 2014].

Creativewomen (2014) *Handwoven textiles: Our story.* [Online] Disponível em: http://www.creativewomen.net/our-storyrAccessed 14th June 2014]

Deutsche Welle (2014) *Ethiopia - next stop for the textile industry?* [Online] Disponível em: http://www.dw.de/ethiopia-next-stop-for-textile-industry/a-17043826 [Acedido em 6 de maio de 2014].

Economy Watch (2010) *Comércio, exportações e importações de África.* [Em linha] Disponível em: http://www.economywatch.com/world economy/africa/export-import.html [Acedido em 8th de agosto de 2014].

Embaixada da Etiópia (2014) *Ethiopia - The emerging textile and clothing industry.* [Em linha] Disponível em: http://ethiopiaembassy.eu/ethiopia-the-emerging-textile-and-clothing-industry/ [Acedido em 22 de maio de 2014].

Fórum da moda ética. *A nossa visão.* [Em linha] - http://www.ethicalfashionforum.com/about-eff/vision [Acedido em 29 de julho de 2014]

Fitzroy Legal Service (2014) *Criminalising political dissent.* [Em linha] Disponível em: http://www.activistrights.org. au/handbook/ch01s04.php [Acedido em 9 de setembro de 2014].

Garment Quarter (2014) *Vivienne Westwood Bags.* [Em linha] Disponível em: http://www.garmentquarter.com/womens-designers/vivienne-westwood-bags.html [Acedido em 17 de agosto de 2014]

Global Issues (2000) *Fair Trade.* [Em linha] Disponível em: http://www.globalissues.org/issue/61/fair-trade [Acedido em 12 de agosto de 2014].

IndustriAll - Global Union (2013) *Ethiopian Textile Workers Union Empowers Women.* [Em linha] Disponível em: http://www.industriall-union.org/ethiopian-textile-workers-union-empowers-women [Acedido em 22 de maio de 2014].

Instituto para o Trabalho Global e Direitos Humanos (2014) *Driving Fashion Forward.* [Em linha] Disponível em: http://www.globallabourrights.org/alerts/driving-fashion-forward-with-amber-valletta [Acedido em 29th de julho de 2014].

Centro de Comércio Internacional - Iniciativa Moda Ética (2014) *A Iniciativa.* [Em linha] Disponível em: http://www.intracen.org/itc/projects/ethical-fashion/the-initiative/
[acedido a 29th de julho de 2014].

IRIN - Notícias e análises humanitárias. *África do Sul: Indústria têxtil desfeita pela globalização.* [Em linha] Disponível em: http://www.irinnews.org/report/55305/southern-africa-textile-industry-undone-by-globalisation [Acedido em 8 de agosto de 2014].

Karen Walker Eyewear (2014) *Karen Walker Visible.* [Online] Disponível em: http://www.karenwalkereyewear.com/#visible2014/page6-7 [Acedido em 26 de junho de 2014].

Knitting Industry (2014) *A indústria têxtil e de vestuário da África do Sul foi a que menos beneficiou do crescimento do sector retalhista de vestuário.* Disponível em :

http://www.knittingindustry.com/south-africas-textile-and-clothing-industry-has-benefited-the-least-from-growth-in-the-clothing-retail-sector/ [consultado em 8th de agosto de 2014]

O trabalho por detrás do rótulo [Em linha] Disponível em: http://www.labourbehindthelabel.org/about-us [Acedido em 29th de julho de 2014]

Master and Muse (2014) *Vivienne Westwood - Coleção Moda Ética África.* [Em linha] Disponível em: http://masterandmuse.com/designer/vivienne-westwood-ethical-fashion-african-collection/ [Acedido em 29th de julho de 2014].

MBendi (2014)_Têxteis *e vestuário na África do Sul.* [Em linha] Disponível em: http://www.mbendi.com/indy/txtl/af/sa/p0005.htm [Acedido em 8 de agosto de 2014]

Open Economy (2013) *O comércio justo e a crítica da revista "The Economist".* [Online].

Disponível em: https://www.opendemocracy.net/openeconomy/alastair-michael-smith/fair-trade-and-economists-critique [acedido em 12th de agosto de 2014].

Pambazuka News (2006) *The hopes and illusions of world trade liberalisation forwomen in Africa.* [Em linha] Disponível em:http://www.pambazuka.org/en/category/books/36859 [Acedido em 13(agosto)2014]

Stanford Social Innovation Review (2011) *The Problem with Fair Trade Coffee.* [Online] Disponível em :
http://www.ssireview.org/articles/entry/the problems with fair trade coffee [acedido em 12 de agosto de 2014].

Women Watch (2010) *Gender equality in the context of globalisation, trade liberalisation and the UN development agenda.* [Disponível em: http://www.un.org/womenwatch/feature/trade/Gender-Equality-in-the-Context-of-Globalization-Trade-Liberalization-and-the-UN-Development-Agenda.html

[Consultado em 26 de julho de 2014].

Women in informal employment: Globalising and Organising (2014) *Garment Workers.* [Em linha] Disponível em: http://wiego.org/informal-economy/occupational-groups/garment-workers [Acedido em 29 de julho de 2014].

Centro de Recursos para Mulheres (2014) *CEDAW.* [Em linha] Disponível em: http://thewomensresourcecentre.org.uk/our-work/cedaw/ [Acedido em 11(th)) de julho de 2014]

Open Eco Source (2013) *Restaurar a indústria têxtil em África.* [Em linha] Disponível em: http://www.openecosource.org/development/restoring-the-textile-industry-in-africa/ [Acedido em 5th de setembro de 2014].

Documentos Web

Ascoly, Nina e Finney, Chantal (2005) *Gender, the Global Garment Industry and the Movement for Women's Workers' Rights.* [Em linha] Disponível no seguinte endereço:
http://www.cleanclothes.org/resources/publications/made-by-women.pdf [acedido a 29th de julho de 2014]

Begun, Anwara e Majumder, P. Pratima (2000) *The Gender Imbalances in the Export Oriented Garment Industry in Bangladesh.* [Em linha] Disponível em: http://iiav.nl/epublications/2000/gender imbalances.pdf [Acedido em 3rd de maio de 2014].

Chavan, B. R. (2010) *Ethiopian Textile Industry Presents Status and Future Growth Prospects.* [Em linha] Disponível em: http://www.slideshare.net/nega2002/ethiopian-textile-industry-final [Acedido em 8 de setembro de 2014].

Embaixada da Etiópia [Em linha] *Investing in Ethiopia - Textiles [Investir na Etiópia - Têxteis].* Disponível em: http://www.ethiopianembassy.org/PDF/InvestingTextiles.pdf [Acedido em 10 de setembro de 2014]

Garcia, Zoraida (2006) *Agricultura, negociações comerciais e género.* [Em linha] Disponível em: ftp://ftp.fao.org/docrep/fao/009/a0493e/a0493e.pdf [Acedido em 27(th 2014].

Griffifths, Peter (2011) *Ethical objections to fair trade [Objecções éticas ao comércio justo].* [Em linha] Disponível emhttp://www.griffithsspeaker.com/Fairtrade/Ethical%20Objections%20to%20Fairtrade%20web.pdf [: Acedido em 12th de agosto de 2014].

Brown, G. Andrew e Stern, M. Robert (2010) *Fairness in the WTO Trading System.* http://ipc.umich.edu/working-papers/pdfs/ipc-109-brown-stern-fairness-wto-trading-system.pdf [consultado em 26 de maio de 2014].

International Trade Centre (2011) *Global platform for action on sourcing from women vendors.* [Online] Disponível em :

http://www.intracen.org/uploadedFiles/intracenorg/Content/About ITC/Where are we working/Multi-country programmes/Women and trade/Brochure%20NEW.PDF [acedido em 6 setembro de 2014].

Joekes, Susan - United Nations Research Institute for Social Development (1995) Trade- Related Employment For Women In Industry And Services In Developing

Countries. [Em linha] Disponível em: http://www.unrisd.org/80256B3C005BCCF9/(httpAuxPages)/608F5D4F133083B580256B67005B6B37/$file/opb5.pdf [Acedido em 28 de junho de 2014].

Ramdass, Kem e Kruger, David (2011) *An Analysis into the Impact of Globalisatuon on the Clothing Industry in Conjunction with the Clothing Industry in South Africa.* [Em linha] Disponível em: http://uir.unisa.ac.za/bitstream/handle/10500/5666/ramdass.pdf?sequence=1 [Acedido em 12th agosto 2014]

Risse, Mathias (2004) *What We Owe To The Global Poor.* [Em linha] Disponível em: http://www.hks.harvard.edu/fs/mrisse/Papers/Papers%20-%20Philosophy/WhatWeOwetotheGlobalPoor.pdf [Acedido em 6 de setembro de 2014].

RUDAR [Online] Gendered employment in neo-liberal development. Disponível em: http://rudar.ruc.dk/bitstream/1800/8126/3/zProject af echt.pdf [Acedido em 10 de julho de 2014].

Razavi, Shahra; Azra, Camila; Braunstein, Elissa; Cook, Sarah e Goulding, Kristine - Instituto de Investigação das Nações Unidas para o Desenvolvimento Social (2012) *Gender Impacts of Globalisation.* [Em linha] Disponível em: http://www.unrisd.org/80256B3C005BCCF9/(httpAuxPages)/C3EAFBF1462330ECC1257A7E0044D78E/$file/Dfid%20Overview.pdf [Acedido em 13th de agosto de 2014].

Instrumentos de direitos humanos

Carta Africana dos Direitos Humanos e dos Povos (26 de junho de 1981) OAU Doc CAB/LEG/67/ 3 REV. 5 (Carta Africana)

Convenção sobre a Eliminação de Todas as Formas de Discriminação contra as Mulheres, 1979 124a UNTS 13 (CEDAW).

Declaração da Assembleia Geral sobre o Direito ao Desenvolvimento, adoptada pela resolução da Assembleia Geral. 41/128, 4 de dezembro de 1986.

Pacto Internacional sobre os Direitos Económicos, Sociais e Culturais. Adotado pela resolução 2200A (XXI) da Assembleia Geral de 16 de dezembro de 1966.

Protocolo Facultativo à Convenção sobre a Eliminação de Todas as Formas de Discriminação contra as Mulheres, adotado e aberto à assinatura, ratificação e adesão pela Resolução 54/4 da Assembleia Geral, de 6 de outubro de 1999.

Protocolo à Carta Africana dos Direitos Humanos e dos Povos sobre os Direitos das Mulheres em África 2003. Assembly/AU/Dec.14 (II)

Declaração Universal dos Direitos do Homem adoptada pela Assembleia Geral das Nações Unidas na sua resolução 217A (III) de 10 de dezembro de 1948 (DUDH).

Convenção de Viena sobre o Direito dos Tratados, 1969. 1155.UNTS 331.

Relatórios e comentários gerais das Nações Unidas

Relatório do Secretário-Geral sobre a integração dos direitos humanos das mulheres em todo o sistema das Nações Unidas (25 de março de 1998) E/CN.4/1998/49. Recomendação Geral nº 4 do Comité para a Eliminação da Discriminação contra as Mulheres, sobre as reservas, Doc. ONU A/42/38.

Recomendação Geral n.º 17 da CEDAW (décima sessão, 1991) sobre a medição e quantificação do trabalho doméstico não remunerado das mulheres e a sua inclusão no produto nacional bruto Doc. ONU A/46/38.

Fotografias

Imagem 1, p.13 - Karen Walker Eyewear (2014) *Karen Walker Visible.* [Em linha] Disponível em: http://www.karenwalkereyewear.com/#visible2014/page6-7 [Acedido em 26 de junho de 2014].

MIX
Papier aus verantwortungsvollen Quellen
Paper from responsible sources
FSC® C105338

Printed by Books on Demand GmbH, Norderstedt / Germany